ALESSIO ROSSI

SELL FAST HOUSE

Come Vendere Il Tuo Immobile Entro 30 Giorni Con Il Metodo SFH

Titolo

"SELL FAST HOUSE"

Autore

Alessio Rossi

Editore

Bruno Editore

Sito internet

http://www.brunoeditore.it

Sommario

Prefazione

Non basterebbero 1.000 pagine per definirti, quindi cercheremo di essere sintetici e concisi.

La vendita Sell Fast House è un sistema che ha permesso alla nostra realtà di creare un ramo vendite completamente differente da quello che siamo abituati a vedere e allo stesso tempo più efficace.

La riduzione notevole dei tempi di vendita, con conseguente accelerazioni di tutti i processi, ha comunque permesso di tenere una qualità elevata del servizio, senza assolutamente trascurare le parti coinvolte e accompagnando sin da subito la parte tecnica, oggi elemento indispensabile per questo settore.

Il mercato risponde, e tutt'ora continua a farlo, in maniera molto positiva: percentuale di riuscita al 100% aggiornata a settembre 2020.

Il tuo pizzico di follia e lo spirito di iniziativa ci hanno mostrato come si possano ottenere risultati brillanti distinguendoci dai competitor. Tutto questo è stato possibile grazie a te.

Grazie a questa tua passione nell'immobiliare che ti ha da sempre contraddistinto hai raggiunto traguardi importanti sia per te stesso e sia per noi che ti stiamo intorno.

La tua follia seguita dalla tua determinazione ci ha portato spesso a gioire insieme, il tuo carattere a tratti difficile ci ha fatto anche arrabbiare, ma noi ti conosciamo e possiamo dirti che nonostante tutto: sei uno vero.

Tutto ebbe inizio qualche anno fa. Quando decidesti di non voler più appartenere a nessun tipo di affiliazione e, insieme a Elisa Mereu, fondasti la Re Immobiliare.

Rimboccandovi le maniche e dopo varie vicissitudini, era arrivato il momento di prendere la vostra strada, non fu facile, ma tu, voi, noi siamo determinati.

Ci siamo ritrovati a navigare in questa avventura che con anche l'ingresso in struttura del "Nonno" Vittorio Venturi, ci porterà a solcare nuovi orizzonti accompagnati da nuove idee e soprattutto originalità.

È arrivato il nostro momento e siamo contenti di sogna-Re insieme a te.

Con stima e affetto da parte di tutto il Team della Re:

Elisa - Vittorio - Francesca - Ludovica - Alessandro - Maurizio

Introduzione

Potrei iniziare raccontandoti che fin da piccolo mi piaceva vedere le case, avevo una passione spasmodica per le ville e uno spirito di iniziativa fuori dal comune, ricordo quando alla tenera età di 8 anni, accompagnato da mamma e papà, andai all'ippodromo di Bologna in quanto vi era la festa della befana.

Il caso ha voluto che una volta entrati trovassi un blocchetto di biglietti omaggio per la giornata in questione e giustamente un bambino di 8 anni cosa fa?
Si mette fuori dall'entrata e vende i biglietti alla metà del prezzo e nella sua totale genuinità a 10mt dall'ingresso dell'ippodromo.

Giustamente, arrivarono degli addetti alla sicurezza che mi portarono dal direttore, che ovviamente capendo la ragazzata e la genuinità dell'azione, non convocò i miei genitori e mi lasciò i guadagni (30mila lire).
Ricordo solo la ramanzina del direttore, che una volta sincerato che non fossi stato mandato appositamente, rise e mi disse: "Complimenti comunque, sei sveglio, ma non farlo più".

Vengo da una famiglia normalissima, mio padre Alberto pasticcere e mia mamma Elena impiegata. Papà, il mio idolo, lavorava come un matto ma la sera, quando tornava a casa, ricordo che era tutto per noi, nonostante la stanchezza che lo divorava era sempre di buon umore e suoi erano i giochi più incredibili per farmi stare buono.

Ve ne cito uno, che ancora oggi solo al pensiero rido: "Alessio? Facciamo la gara di chi si addormenta per primo?".
E io entusiasta, rispondevo di sì: che genio mio padre.
I miei genitori sono stati delle colonne portanti durante la mia infanzia, ma poi come giusto che sia, nell'età adolescenziale mi hanno lasciato molto libero di scegliere e anche di sbagliare, pertanto grazie a loro e grazie alla scuola della strada, a oggi sono fiero di essere quello che sono.

Era il 3 febbraio del 2010 quando decisi di intraprendere la carriera da agente immobiliare, un mondo per me oscuro e ignoto da cui, nonostante le varie paure, ero incuriosito, un vero e proprio salto nel buio in un periodo di recessione economica importante, non fu sicuramente una scelta ragionata e semplice, ma il mio dialogo interno fatto di continue domande, doveva terminare. Precedentemente alla data sopra menzionata, ero un capo area Centro - Nord Italia per una multinazionale francese assunto con regolare contratto a tempo indeterminato con vari benefit aziendali. La posizione ricoperta, mi stava stretta.

Non mi ritenevo soddisfatto, pertanto armato di tutto il mio coraggio e ignorando qualsiasi critica del tuttologo di turno, decisi di mollare tutto e iniziare a sogna-Re.

Eccomi qui.

Mi chiamo Alessio Rossi, ho 38 anni e sono uno co-founder dell'agenzia Re Immobiliare di Bologna, sono passati quasi 11 anni da quel fatidico giorno che mi ha cambiato la vita e oggi mi sento felice, appagato e soddisfatto. Voglio sottolineare che tutti i risultati sono stati ottenuti con determinazione, tenacia e costanza.

Ti posso parlare del bambino che ero, timido e che andava anche male a scuola, ma grazie alla mia costanza e intraprendenza sono riuscito a emergere in uno dei settori più difficili del mondo.

Leggendo il mio libro capirai quanto sono importanti la fiducia in sé stessi, il confronto, la pazzia e la curiosità. Non credo alla fortuna e neanche alla sfortuna, tutto nella nostra vita è causa ed effetto. Se c'è qualcosa dentro di te che deve essere cambiata, lo puoi fare. Tu la cambi.

Lascia perdere anche le raccomandazioni, sicuramente aiutano, ma il mio motto è:

A strata jè ri cu si a piglia (La strada è di chi se la piglia).

Capitolo 1:
Il ruolo del consulente immobiliare

Quello del consulente immobiliare è un lavoro prevalentemente di contatti, pertanto più contatti hai, più possibilità ci sono di effettuare diverse transazioni. Le conoscenze aiutano, ma bisogna coltivarle. Per "coltivarle" intendo che i 3 punti fondamentali sono: onestà, professionalità e competenza. Unificherei i 3 punti con il termine "affidabilità".

Questo per dirti che se hai molti contatti ma poi pecchi in questi 3 punti fondamentali, potresti passare anche per lo scemo del villaggio, che tutti conoscono ma nessuno considera.
Se stai leggendo questo libro e non ti ritrovi con queste prime righe, ti consiglio di smettere di leggere, non fa per te.

Se invece ti vuoi giocare il beneficio del dubbio, nei capitoli seguenti ti dimostrerò come ho guadagnato tanti soldi e come ho aiutato tantissimi utenti privati a vendere il loro immobile nel minor tempo possibile e al massimo realizzo. Ricordati che tutti possiamo cambiare idea o modus operandi, dipende tutto dalla nostra volontà. Il mondo corre e noi non possiamo permetterci di camminare, pertanto evolviti, studia, viaggia, ascolta, la soluzione è sempre dietro l'angolo, devi solo essere svelto nel reperirla. La tenacia, la determinazione e l'iniziativa devono far parte del tuo DNA.

Non puoi immaginare quanto sia stato difficile per me i primi anni di lavoro nel settore, tanti campanelli suonati, tante porte sbattute in faccia condite da tante delusioni, considera che la mia prima vendita arrivò dopo 6 mesi di durissimo lavoro, quando anche il famoso detto mi stava abbandonando: "La speranza è l'ultima morire".

Avevo passione, nonostante i numeri non fossero dalla mia parte, i dati nell'immobiliare sono sempre stati confortanti, non volevo e non dovevo mollare, facile dire "C'è crisi" o peggio sentirselo dire dai tuttologi di turno, ma cerca di guardare anche oltre.
In Italia il 75% delle famiglie ha la casa di proprietà pertanto il mattone resta una certezza, il settore immobiliare riveste un ruolo centrale per l'andamento dell'attività produttiva e per la stabilità

finanziaria. Dopo la fase di contrazione registrata in concomitanza con la crisi finanziaria e con il più generale calo dell'attività produttiva, il comparto immobiliare mostra segnali di attenuazione della fase negativa. Rimangono tuttavia ampi margini di incertezza dovuti anche a questa nuova pandemia Covid-19, che ha generato in tutti forte preoccupazione.

Il comparto immobiliare rappresenta quasi un quinto del PIL, il credito erogato al settore (mutui alle famiglie, prestiti alle imprese di costruzioni e dei servizi connessi con le attività immobiliari) è un terzo degli impieghi bancari totali. L'esperienza storica mostra come le fluttuazioni delle quotazioni immobiliari possano ripercuotersi pesantemente sulla solidità degli intermediari creditizi e su quella dell'intero sistema finanziario.

Negli anni più recenti l'innovazione nel mercato dei mutui immobiliari e negli strumenti finanziari hanno aumentato l'esposizione del sistema finanziario al ciclo immobiliare. La stessa crisi globale che ha preso avvio nell'agosto del 2007 ha la sua radice nella sopravvalutazione e nella successiva perdita di valore degli immobili negli Stati Uniti e in altri Paesi.

Negli anni più recenti si è interrotta la fase di espansione avviatasi alla fine degli anni Novanta, dal 2006 le compravendite di case hanno segnato una flessione.

In uno dei miei corsi di formazione mi fecero visionare un articolo di Panorama dell'anno 2000 intitolato: "Al giorno d'oggi, anche uno scemo saprebbe vendere casa".

Rispetto ad allora il mercato è cambiato tanto, come ogni cosa, il cambiamento porta aspetti positivi e aspetti negativi.

Partiamo dagli aspetti positivi: Eliminazione dei cosiddetti improvvisati del settore – Maggior controllo delle procedure.

Aspetti negativi: Aumento esponenziale della burocrazia – Accesso al credito più difficile.

Oggi la vendita immobiliare è diventata un'impresa titanica, l'autorevolezza di un consulente immobiliare è l'elemento essenziale per la costruzione di una relazione d'affari di successo.

Il cliente "sposa" il consulente e non il marchio, sia che si tratti di un acquisto come abitazione principale sia che si tratti di acquisto a titolo di investimento.

La professionalità deve essere la medesima, cambia solo l'operatività del consulente che deve approcciarsi nella maniera più consona andando a stimolare le leve giuste che possono portare alla firma del contratto.

Il mercato immobiliare italiano spesso viene definito una giungla, pertanto un buon consulente deve essere "camaleontico", il suo adattamento a ogni situazione gli permetterà di fare la differenza.

"La via giusta è simile all'acqua che, adeguandosi a tutto, a tutto è adatta".

Capitolo 2:
Come affrontare una vendita immobiliare

In un mercato dove regna l'incertezza, amplificata anche a seguito del Covid-19, come dicevamo la vendita immobiliare è diventata un'impresa difficile. Le pratiche tecnico/burocratiche negli ultimi anni sono sensibilmente aumentate, e di conseguenza i controlli sono maggiori.

In Italia i privati che non si avvalgono di agenzie immobiliari per la vendita dell'immobile si aggirano circa sul 40%, percentuale che come mia previsione si andrà ad abbassare nei prossimi anni, in quanto è quasi impossibile per un non operatore del settore portare a termine una vendita senza incappare in alcun errore.

Dividerei la procedura di vendita in 4 fasi: Fase A) Controllo e reperimento completo di tutta la documentazione: atto di provenienza, planimetria catastale, visura catastale, certificazione energetica, delega per accesso agli atti al comune dove è ubicato l'immobile, ultimi due verbali di condominio e visura ipotecaria aggiornata. Questa documentazione ci permette di avere una fotografia completa dell'oggetto che andremo a trattare, evitandoci di incorrere in spiacevoli novità strada facendo, dandoci modo di fornire delle informazioni dettagliate all'acquirente, e mettendoci così già in una posizione di professionalità avanzata.

Ti immagi se, poco prima di un preliminare, il potenziale acquirente scoprisse la presenza di abusi non tempestivamente comunicati, donazioni in corso o spese condominiali straordinarie in previsione, ma non ancora deliberate? La tua figura perderebbe di credibilità e di conseguenza il tuo rapporto risulterebbe compromesso. Il motivo chiave per cui una persona si rivolge a una agenzia è perché deve sentirsi seguito e tutelato.

Fase B) Strategia di vendita e incarico esclusivo: pianificare da subito una strategia di vendita, individuando nell'immediato un prezzo realistico, ricorda sei un consulente, un professionista, prendere un incarico di vendita esclusivo a un prezzo elevato e completamente fuori mercato non ti qualifica come tale, anzi ti si ripercuoterà contro. Anche se alla fine porterai a termine l'operazione, perché in maniera furba hai preso un mandato di vendita a lunga scadenza e hai giocato con i ribassi, oltre al fattore economico non avrai nessun'altra soddisfazione, il venditore non sarà mai contento e di conseguenza sarà molto difficile che parli bene di te.

Piuttosto se non trovi una quadra sul prezzo ed effettivamente sei molto distante tra prezzo valore e prezzo richiesto lascia perdere, elevati, anticipa al cliente le obiezioni spiegandogli che sicuramente incapperà in qualche consulente che gli prospetterà cifre più alte e che a seguito della firma lavorerà per ottenere i ribassi. Di te si ricorderà e molto probabilmente ti ricontatterà.

Fase C) Commercializzazione del bene: indispensabile e importantissimo presentare l'immobile sul mercato valorizzandolo al massimo, un buon intervento di home staging seguito da video e foto, fa aumentare notevolmente le visualizzazioni sul web. Sfrutta al massimo i Social Network, sono le piattaforme più utilizzate del momento. Altro canale che sta crescendo in maniera esponenziale è WhatsApp, mentre avrai notato sicuramente anche tu che lo scambio di e-mail è calato.

Controlla il testo, gli errori grammaticali non sono ben visti dagli utenti e allega sempre alle foto anche piantina con possibilità di eventuale nuovo progetto nel caso in cui l'immobile presenti potenzialità migliorative.

Fase D: gestione delle visite: Sarebbe opportuno che le visite venissero effettuate in belle giornate, evitando la sera e giorni piovosi, capisco che questa strada non sia sempre fattibile, pertanto per arginare il problema è necessario recarsi in anticipo sull'immobile, per dare la giusta illuminazione alla casa e prepararla al meglio a una visita.

Leggendo i punti sopra menzionati tutto sembra molto semplice, ma non lo è affatto, il 90% delle volte i venditori non sono in possesso della documentazione richiesta, pertanto il reperimento risulta difficile e dispendioso in termini di tempo.

Inoltre, la lettura della documentazione è molto articolata, è facile cadere in qualche vincolo non visto o in qualche articolo di cui non si conosce il significato. A seguire vi è l'aspetto commerciale, il cliente è diventato sempre più esigente, il ruolo del consulente è mediare tra acquirente e venditore, collocarli sulla stessa linea e rappresentarli entrambi in maniera neutra e imparziale. Le continue obiezioni sono all'ordine del giorno pertanto essere preparati aiuta, anche perché ahimè in Italia la nostra figura è poco riconosciuta. Un segreto per diventare riconosciuti sarebbe quello di diventare indispensabili.

Operando come nei punti sopra descritti, posso garantirti che il tuo nome accrescerà. Spesso mi sento dire:
"Ma sa che nessuno dei suoi colleghi mi ha mai fatto richiesta di questa documentazione?".
"Ma perché deve fare un accesso agli atti al Comune dove è ubicato l'immobile?" (Nonostante siano magari stati già in vendita per mesi).

"L'immobile anni fa l'ho comprato così, lei è il primo che mi dice che il mio immobile presenta difformità, come mai?" (A volte basta far vedere anche semplicemente la piantina catastale per far notare la non conformità).
"Ho firmato un incarico esclusivo di un anno, e non hanno concluso nulla, adesso io non firmo più esclusive, lo possono

gestire più agenzie" (Il cliente sta entrando nel classico punto di non ritorno, dove solo tu lo puoi salvare, spiegandogli che: Stima-Strategia-Commerciabilità sono state completamente sbagliate ed è un tuo dovere dargli nuove nozioni affinché raggiungiate insieme l'obiettivo). Le 4 fasi determineranno la qualità del servizio, differenziandoti dalla massa.

Capiterà sicuramente che un immobile snobbato in quanto la proprietà non ti dava possibilità di reperire la documentazione o peggio ancora non ti riconosceva mandato a vendere troverà una collocazione nel mercato, magari grazie a un collega che ha lavorato senza incarico e per di più, come spesso accade in queste situazioni indefinite, allo 0% di provvigione. A tutti è capitato me compreso, ma mi sono ripromesso che ciò non accadesse più.

Dimenticati di questi tipi di vendita, per l'ennesima volta ti invito a guardare oltre, magari non è ancora il tuo momento per mostrare in pieno la tua personalità, ma acquisendo competenze sono sicuro che arriverà.
Ricordi il vecchio film "Americani" con Al Pacino, in cui in una scena epica durante una riunione il motivatore urla: "Per vendere

beni immobili servono palle d'acciaio". Non ci sono parole più azzeccate, sono straconvinto che a oggi non ci siano più degli improvvisati con dei risultati soddisfacenti. Analizzando bene i competitor, studiando e sfruttando i miei ripetuti viaggi negli Stati Uniti d'America, dove ho avuto anche possibilità di fare uno stage in una delle realtà immobiliari più importanti del territorio, volevo trovare un metodo che mi permettesse di vendere gli immobili al miglior prezzo di mercato diminuendo sensibilmente i tempi di commercializzazione.

Nel prossimo capitolo ti spiegherò come, grazie alla mia curiosità e alla mia intraprendenza, ho avuto modo di studiare questo innovativo metodo di vendita denominato "Sell Fast House" che ti permetterà di vendere un immobile entro 30gg.

La logica utile è: comportarsi come la gente del posto per un periodo di tempo prolungato. È qualcosa che apre la mente, che ti costringe a pensare in modo diverso. Alleni la capacità di avere idee diverse. È un concetto che gli scienziati chiamano "flessibilità cognitiva". E più flessibilmente cognitivo sei, più creativo sarai.

Capitolo 3:
Cos'è il Sell Fast House

Il Sell fast House è nato perché volevo assolutamente trovare un sistema che mi permettesse di acquisire più incarichi esclusivi possibili, diminuendo i tempi di vendita con il massimo prezzo di realizzo. Considerato che i miei competitor diretti lavorano tutti con incarichi non inferiori ai 4 mesi di durata, il mio sistema se avesse funzionato avrebbe di fatto annientato la concorrenza.

Anche perché la cosiddetta "Guerra dei Poveri" non mi è mai piaciuta farla, pertanto acquisire incarichi allo 0% non era una strada da me assolutamente più percorribile, amo il mio lavoro e non farei mai più nulla per screditare la mia figura.

Quindi ho pensato che questo sistema, entrando in funzione con dei risultati, avrebbe acceso parecchie attenzioni da parte dei proprietari immobiliari che avessero intenzione di vendere casa.

Studiando la concorrenza, capivo che il modus operandi era molto basico per tutti, incarico di vendita esclusivo di almeno 4-6 mesi con un provvigionale indefinito. Il provigionale usciva dal modus operandi perché spesso e volentieri quando vi era competizione sull'incarico con altre realtà immobiliari, entrava in gioco il ribasso provvigionale.

Pensare che ai miei esordi ero più preoccupato di sapere con quali competitor la proprietà aveva dialogato prima e da lì cercavo una strategia di allineamento che spesso e volentieri diventava una guerra sul compenso di agenzia, piuttosto che valorizzare la mia figura e le mie competenze. Che errore.

Non poteva per me esistere allora situazione più svilente e distruttiva che mi portava a pensare di non essere un professionista all'altezza. Facendo degli esempi molto stupidi, prova a pensare: un avvocato molto affermato come mai chiede una parcella più alta rispetto a un avvocato magari meno competente? La risposta la trovi in fretta.

L'avvocato più competente si è costruito con il tempo un nome e ciò lo ha portato in seguito a distinguersi e a non svendere i suoi servizi. Probabilmente potrebbe lavorare sicuramente di più, ma non è detto che più lavoro porti più guadagno, attenzione non è sempre così. L'organizzazione è fondamentale e gestire un servizio sottopagato ti porterà ad avere meno attenzioni e di conseguenza più costi nel tempo. Un consulente immobiliare, invece che prendere 3 incarichi di vendita a provvigioni ridicole che spesso sono allo 0%, non farebbe meglio a puntare a un incarico esclusivo a provvigione piena? Lascio a te la scelta.

La mia è stata di gran lunga la seconda opzione, la qualità del mio servizio mi permette di avere maggiori margini e se nell'arco dell'anno "perdo" qualche vendita considerata da me non interessante, me ne faccio una ragione, la mia mission è diversa: voglio diventare indispensabile per il cliente. Semplice scriverlo, le mie lunghe notti insonni mi hanno portato a pensare che per la riuscita del mio metodo dovevo lavorare su 3 leve importanti: Curiosità - Emozione - Soddisfazione.

Curiosità: Desiderio abituale o episodico, di rendersi conto di qualcosa per vie insolite o per motivi personali.
Emozione: Stato psichico affettivo e momentaneo che consiste nella reazione opposta dall'organismo a percezioni o

rappresentazioni che ne turbano l'equilibrio (nel caso specifico facciamo leva ovviamente su emozioni positive).

Soddisfazione: Adeguazione piena alla misura di una richiesta.

Accompagnato dai miei 3 punti considerati chiave, ho dato vita al mio metodo.

Non sono un genio, non lo sono mai stato, sono solo una persona che ci mette impegno, determinazione e costanza in tutto quello che fa e se anche tu ti applicherai come faccio io, e utilizzerai le giuste strategie, otterrai i miei stessi risultati. (Percentuale di riuscita alla data di settembre 2020 al 100%. Hai letto bene: 100%).

Prendere il primo incarico con il Fast non è stato affatto semplice, mi hanno anche dato del pazzo, ma io sono determinato e se sbaglio voglio sbagliare da solo.

Come tutti i progetti, vi è una parte teorica studiata e analizzata che rimane pur sempre teorica, e a seguire vi è una parte pratica che al momento del primo Fast era inesistente, pertanto priva di sicurezze. In ogni modo parlo con i Sig.ri Roberto e Ambra, proprietari immobiliari di un bellissimo attico nel centro storico di

Bologna, l'appartamento di circa 200mq con 88mq di terrazzo con vista su Bologna, nonostante diverse visite, non riusciva a trovare un acquirente. L'incarico pre-Fast era non esclusivo di euro 600.000,00 euro con un prezzo pubblicitario di 650.000,00, l'appartamento era dato in gestione da più agenzie, ma nulla, nessun risultato concreto.

I mesi passavano e i venditori, già trasferiti all'estero, iniziavano a preoccuparsi, in quanto la cifra congelata era molto importante. Grazie alla loro fiducia, riesco a ottenere il mio primo incarico esclusivo con il servizio Fast, spiegandogli ovviamente prima della firma tutta la procedura. Confermiamo che il prezzo valore e il prezzo richiesto è in linea, quindi la cifra di vendita pattuita e firmata è di euro 600.000,00 mentre per quanto concerne la cifra pubblicitaria ci accordiamo che sia di euro 500.000,00.

Partivo con una cifra pubblicitaria inferiore del 20% sul prezzo di incarico, per poter creare curiosità agli utenti e specificavo nell'annuncio pubblicitario che la proprietà si riservava di accettare o meno le offerte che avrebbero dovuto essere presentate attraverso la Re Immobiliare di Alessio Rossi entro e non oltre e mettevo la data dei 30 giorni. Pertanto, i prezzi avrebbero potuto subire modifiche nel corso della commercializzazione tenuto conto dell'esigenza dei soggetti interessati. In parole povere ho agito al contrario.

Molti penseranno a un'asta, ma no assolutamente, semplicemente vendiamo al miglior offerente.

La preoccupazione di parte venditrice era: "Ma se partiamo da una cifra di 100.000 euro inferiore rispetto all'incarico di vendita, come è possibile alzare le offerte?".

Alessio Rossi: "Guardate, il mio motto è che il prezzo lo decide il mercato, dopo di che siete voi che potete decidere se accettare o meno l'offerta. Ribadisco che l'immobile vale euro 600.000,00, quindi sono fiducioso sul fatto che una pubblicità a una cifra del 20% inferiore al valore di mercato, produrrà una quantità infinita di contatti che dovremo lavorare e portare a ragionare".

"Se passati i 30 giorni non ricevessimo alcuna offerta, in che situazione ci troveremmo?"

Alessio Rossi: "La situazione peggiore. Vuol dire che l'immobile non vale neanche 500.000,00 euro. In questo caso abbiamo completamente sbagliato la stima, ma visionando cosa c'è in vendita in questo momento e le recenti vendite effettuate, è un'ipotesi impossibile. Siamo in linea, vedrà che susciteremo degli interessi alle persone giuste e purtroppo ci troveremo nella situazione che potremmo accontentarne solo una" (a noi semplicemente serve poi un solo acquirente).

Preoccupazioni e domande più che lecite da parte venditrice, ma io mi sentivo sicuro e volevo provarci. Da parte mia, ritenevo comunque di aver proposto un servizio unico con una durata massima di 30 giorni non rinnovabile e in ogni caso non avrei recato alcun danno ai venditori, anzi era un modo per trovare un'alternativa a una situazione oramai stagnante.

Sai qual è stato il risultato?
Prima offerta dopo 8 giorni a euro 580.000,00 e rifiutata dalla proprietà.
Seconda offerta dopo 14 giorni a cifra piena (euro 600.000,00 e accettata) da una cliente che non aveva in programma di cambiare casa, ma allettata dal prezzo mi ha contattato e da lì siamo arrivati, seguendo le giuste strategie, al closing.

"Non vi è gioco, per quanto spontaneo, che non possieda una sua tattica e una sua strategia".

Entriamo nel vivo della strategia del Sell Fast House elencando i vari passaggi soffermandoci sul punto più difficile, la gestione del potenziale acquirente.

Punto 1) Marketing e pubblicità: Inserisco l'annuncio nei maggiori portali immobiliari, mailing-list, Social Network e WhatsApp (sia lodata la rubrica di WhatsApp, memorizzando tutte le chiamate in entrata, riesci con un click a lavorare sul tuo stato e automaticamente dai la possibilità alla tua rubrica di seguirti quotidianamente e a qualsiasi ora).

Punto 2) Il più difficile, Gestione del cliente. Immagina cosa possa succedere alla tua linea telefonica quando pubblicizzi un immobile sottoprezzo di un 20%, te lo dico io: esplode. (Armati di una seconda batteria se metti un numero di cellulare).

Le telefonate che riceverai saranno tantissime e ricordati che alla fine a te basta solo che una persona lo compri. Quindi ogni telefonata la devi considerare una grande opportunità da cogliere al volo. Generalmente il cliente che chiama non legge mai l'annuncio per l'intero, tralasciando il trafiletto chiave "la proprietà si riserva di accettare o meno le offerte. Pertanto, i prezzi potrebbero subire modifiche nel corso della commercializzazione tenuto conto dell'esigenza dei soggetti interessati". Appena vede il prezzo telefona.

Tu devi essere molto bravo, educato e anche molto paziente (ricordati magari è la decima chiamata in due ore che ricevi) e spiegare nel dettaglio la descrizione dell'immobile.
Perché chiamano? Hai attirato la loro curiosità con il prezzo. Considera, come precedentemente anticipato, che spesso mi è capitato di vendere un immobile a persone che sono state attirate dal prezzo e che non avevano minimamente in programma il pensiero di dover cambiare casa.

Quando ricevi la chiamata devi essere deciso, trasparente e preparato. Ovviamente ricordati del prezzo di incarico, pertanto è inutile che porti sul posto persone che non hanno quel budget a disposizione, sarebbe una perdita di tempo, sia per te che per loro, quindi parti con una descrizione dettagliata dell'immobile e poi dirigiti sulla modalità di acquisto preannunciando che le due opzioni a seguito di un ipotetico sopralluogo positivo sono:

• Offerta in Busta chiusa con conseguente apertura delle buste il 30esimo giorno e nel caso fosse l'offerta più alta l'utente potrebbe accaparrarsi l'immobile (uso il condizionale, perché il venditore, sotto la cifra di incarico, ha tutto il diritto di rifiutare l'offerta).

• Se l'utente non vuole aspettare il 30esimo giorno e vuole assicurarsi l'acquisto dell'immobile senza doversi mettere in competizione con nessun'altro acquirente, è libero di trovare un accordo immediato con la proprietà. In poche parole, offrendo la cifra di incarico si assicura l'acquisto.

Nel mentre cerca di reperire maggiori informazioni possibili su quello che stanno cercando e su che budget hanno a disposizione. Se vedi che il budget a disposizione è in linea con il prezzo di incarico, accendi il semaforo verde e fissa appuntamento.

Visitato l'appartamento con il potenziale acquirente hai stimolato già due punti fondamentali: Curiosità ed Emozione. Se l'immobile visionato piace e lo acquisti per viverlo, entra in gioco anche il lato emozionale. Provi un brivido simile a quando ti innamori di una persona e scatta un meccanismo mentale che ti porta a essere disposto a tutto pur di ottenerla, stessa cosa vale per una casa. Se ti piace e hai il budget a disposizione – e giunto a questo punto, adottate le giuste strategie, siamo sicuri che hai il potere economico per portare a termine l'acquisto, altrimenti non hai svolto bene il lavoro – il contratto lo concludi semplicemente perché devi raggiungere l'ultimo punto chiave che è la soddisfazione personale.

Avrai notato fino a qui leggendo il mio libro che sono più pratico che teorico, quindi adesso inizierò portandoti degli esempi concreti e soffermandomi su come gestire le continue obiezioni. A fine marzo 2019 a seguito di una presentazione aziendale della mia struttura, vengo contattato dai Sig.ri Niko Salomoni e Marzia Maccari, coppia sposata e genitori di due bellissime bimbe.

Hanno un bellissimo immobile di proprietà in una zona periferica di Bologna che purtroppo, nonostante sia in vendita da circa un anno e mezzo con un'agenzia di zona, non riescono ad alienare.

Eppure l'immobile è sicuramente di gradevole gusto e in più è proposto a un prezzo di mercato assolutamente in linea. Il valore è di circa 300.000,00 euro (prezzo di incarico) ed è precedentemente pubblicizzato a euro 293.000,00 + garage a parte. Nulla da fare, vengono fatte diverse visite, ma nessuno che formalizzi un'offerta.

Fissato il sopralluogo all'immobile insieme al mio geometra Alessandro Canducci (tecnico di mia fiducia) mi accorgo che vi era qualche difformità interna (cosa di poco conto) e infatti è stato tutto regolarizzato eliminando il muretto interno, ma ti assicuro non era assolutamente questo il problema.

Propongo alla coppia di provare il Sell Fast House, e loro presi dalla cosiddetta disperazione (avevano già bloccato una casa nuova) decidono di provare, anche se non erano tanto presi dal mio metodo, ma più dal "proviamole tutte". Spiego loro nel dettaglio i diversi punti:

- Incarico euro 300.000,00
- Durata del mandato 30 Giorni
- Prezzo pubblicitario euro 240.000,00

E spiego che il prezzo pubblicitario è seguito dal seguente trafiletto: "La proprietà si riserva di accettare o meno le offerte che dovranno essere presentate   attraverso la Re Immobiliare di Alessio Rossi entro e non oltre il 5 maggio 2019. Pertanto, i prezzi potrebbero subire modifiche nel corso della commercializzazione tenuto conto dell'esigenza dei soggetti interessati".

Come da prassi, do una base di partenza di prezzo pubblicitario del 20% in meno rispetto al valore di mercato. La proprietà mi firma l'incarico il 05/04/2019 e la scadenza è fissata per il giorno 05/05/2019.

Vuoi sapere quando e a quanto l'ho venduto?

Il 10 aprile 2019 (5 giorni dopo) ho chiuso la trattativa a euro 298.000,00.

Utilizzando le mie strategie di vendita precedentemente descritte: Marketing - Gestione del cliente, inizio a ricevere le prime telefonate e in data 9 aprile 2019, fisso le prime 6 visite all'immobile con clienti regolarmente selezionati con i dovuti criteri (metodologia dell'acquisto, budget ecc. ecc.). Il Sig Matteo

M., futuro acquirente dell'immobile, si mostra da subito molto interessato, ma giustamente, non conoscendo e non avendo mai sentito nominare la procedura Fast, ha voluto sincerarsi di quest'ultima e controllare tutta la documentazione dell'immobile. In data 10 aprile 2020 fissiamo la seconda visita all'immobile e l'occasione è buona per sottoporre al Sig. Matteo M. tutta la documentazione tecnica relativa all'oggetto e dargli fin da subito la sensazione di essere preparati e competenti.

Terminato il sopralluogo inizio a illustrare:

- Atto di provenienza = Rogito di acquisto dove si evince un vincolo sull'immobile della Soprintendenza delle Belle Arti.

- Planimetria catastale = Al momento non conforme in quanto il venditore aveva creato un muretto divisorio tra sala e cucina e una cabina armadio nella camera da letto, pertanto l'accordo da subito è stato che parte venditrice doveva demolire a sua cura e spese le varie difformità per riportare l'immobile allo stato originale e conforme. (Parte venditrice era stata già informata in fase del primo sopralluogo con il mio geometra di fiducia).

- Visura catastale = Verifica categoria e rendita catastale.

- Accesso agli atti in comune di appartenenza dove è ubicato l'immobile = In corso (avevamo preso l'incarico 5 giorni prima e stavamo attendendo i precedenti edilizi, ma eravamo abbastanza tranquilli, visto che si trattava di un immobile recentemente edificato).

- Ultimi due verbali di condominio = Verifica spese condominiali ordinarie nel dettaglio e la non presenza di alcuna spesa straordinaria, con delega già firmata da parte venditrice per reperire eventualmente ulteriori informazioni dall'amministratore di condominio.

- Visura ipotecaria: Presenza di una ipoteca volontaria a favore di una banca per aver lasciato ai venditori un mutuo bancario ipotecario per l'acquisto dell'immobile con relativo conteggio del debito residuo.

Finita l'analisi tecnica come da prassi collaudata, siamo arrivati all'analisi commerciale per determinare il prezzo, pur sapendo già che il Sig. Matteo M. era in possesso del potere economico adeguato. Quest'ultimo non era assolutamente interessato ad andare alle buste, voleva trovare un accordo con la proprietà senza dover competere con alcun altro acquirente. Era consapevole che l'immobile il giorno 9 aprile era stato visitato da più persone e quindi non voleva perdere l'opportunità. Trattativa molto trasparente e diretta, gli faccio vedere le miei analisi sul valore dell'immobile e il perché la cifra di incarico della proprietaria coincide con il prezzo di mercato.

Formalizza un'offerta a euro 298.000,00 con validità di 3 giorni e con la mia promessa che la sua sarebbe stata l'unica offerta sottoposta alla proprietà fino al termine indicato. Incontro parte venditrice e ovviamente (2Mila euro in meno della cifra di incarico) arrivo al closing con loro grande soddisfazione per il servizio prestato (5 giorni) e con l'ulteriore soddisfazione dell'acquirente che ha comprato la casa dei suoi sogni.

Ci tengo a precisare che a seguito di quelle 6 prime visite, altri due clienti mi ricontattarono per chiedermi la possibilità di formulare la loro proposta, ma purtroppo avendo già venduto l'immobile non riuscii a soddisfare la loro richiesta.

Ricapitolando:

Giorni di vendita: 5

Visite: 6

Potenziali proposte: 3

Utilizzando le mie leve, ho raggiunto nuovamente il risultato con la massima soddisfazione di tutte la parti coinvolte. Nonostante l'immobile fosse stato in vendita per 1 anno e mezzo senza ottenere alcun risultato, cambiando prospettiva e ragionando in maniera diversa rispetto ai competitor ho vinto anche questa sfida.

Ti voglio portare un terzo esempio – entrerò in seguito nel dettaglio della gestione del potenziale acquirente, ma prima voglio aprire una piccola parentesi su come mi sono procacciato un nuovo incarico di SFH.

In gennaio 2019 leggendo qualche articolo di giornale – Forbes, Il Sole 24ore ecc. – conosco un broker immobiliare italiano di nome Andrea Pedicini, trasferito a New York.

Incuriosito dalla sua carriera e dalla sua straordinaria realizzazione professionale, decido di scrivergli una mail per un incontro conoscitivo, in quanto ero sicuro che potessimo trovare una sinergia lavorativa Italia-New York. Dopo un primo scambio di mail formali, ci diamo appuntamento per un caffè nella giornata di martedì 29/01/2019 presso 265Lafayette St, New

York, NY 10012. Hai letto bene? Ho preso un aereo da Bologna per andare a prendere un caffè nel mite clima di gennaio a New York, secondo te anche in questo frangente non mi sono preso del pazzo? O meglio, della persona che va a perdere del tempo? Mi spiace, ma anche stavolta i tuttologi di turno hanno sbagliato le previsioni.

Armato del mio entusiasmo prenoto il mio biglietto aereo e volo, direzione: la Grande mela. Il mio obiettivo era abbastanza logico: leggendo gli articoli di Andrea Pedicini in cui parlava dei molti italiani che acquistavano nel mercato newyorkese sia come investimento sia per trasferirsi, ho pensato che potevo essere utile proponendo di collaborare sui suoi clienti che avessero immobili da alienare in Italia per poi in seguito trasferirsi negli Stati Uniti. (A teoria deve seguire pratica).

Quale metodo migliore da proporre? Metodo innovativo e senza limiti di confini, pertanto il SFH era la risposta giusta. A seguito dell'incontro, Andrea trova molto interessate il mio metodo e decide di testarmi mettendomi in contatto con due suoi clienti di Misano Adriatico che hanno interesse a vendere il loro ultimo immobile di proprietà in Italia per poi trasferirsi definitivamente negli States. Tutti sappiamo che quando si ha l'opportunità di venire referenziati da una persona di spessore, tutto diventa più facile, e in effetti prendere l'incarico esclusivo in questa occasione con il SFH è stato piuttosto semplice, ora il mio obbligo era ripagare la fiducia concessami.

Dal primo contatto telefonico avvenuto con i clienti emerge che è diverso tempo che provano a vendere l'immobile, ma purtroppo senza risultati, il mercato di Misano Adriatico è stagnante e quasi avevano perso la speranza.

Partiamo dal presupposto che io sono di Bologna e opero principalmente a Bologna, ma questo metodo come già anticipato non conosce confini.

Al giorno d'oggi grazie al web e grazie a un sopralluogo mirato si possono reperire tutte le informazioni necessarie sull'immobile e capire esattamente a quale prezzo si può collocare nel mercato.

Fisso appuntamento in data 05/02/2019 per sopralluogo all'immobile, ne carpisco le potenzialità e concordo con i venditori un valore congruo di mercato. L'immobile fino a quel momento era stato pubblicizzato a euro 165.000,00 da diversi mesi sia privatamente che con un'agenzia, risultati vicini allo 0 e vi erano anche pochissime visite all'appartamento. Concordo con loro che il prezzo di mercato possa aggirarsi tra i 155/160.000 euro e una pubblicazione a euro 128.000,00, illustrando in maniera dettagliata l'incarico esclusivo che dovranno firmare.

In data 11/02/2020 mi conferiscono incarico esclusivo di vendita alle condizioni sopra riportate e in data 23/02/2020 ricevo la prima offerta a euro 150.000,00 che è stata rifiutata, e in data 26/02/2020 ricevo la seconda offerta a euro 158.000,00 da parte di una seconda cliente che viene accettata. Risultato strepitoso, ancora una volta il Fast era andato a segno… in 15 giorni abbiamo venduto l'immobile.

Analizziamo bene i passaggi, effettivamente un valore di mercato di 155/160 e una pubblicità a 165.000 ci può stare come posizionamento sul mercato, però nonostante il prezzo fosse in linea, l'abbondanza di offerta offuscava la potenzialità di questo immobile. Planimetrie disegnate, rendering, in prima visione sul motore di ricerca, non contavano nulla. Il problema era troppa offerta e poca richiesta. Come abbiamo annientato la concorrenza? Posizionando subito l'oggetto con un prezzo pubblicitario accattivante e conseguente trafiletto: ciò ha reso il nostro immobile più appetibile rispetto agli altri di pari caratteristiche. La strategia giusta mi ha nuovamente permesso di centrare l'obiettivo, nonostante operassi in un territorio a me sconosciuto.

Capitolo 4:
Strategia e gestione delle obiezioni

La giusta strategia seguita da un'ottima gestione delle obiezioni ti porterà ad avere successo nel metodo SFH, trasmettendoti nella maniera più proficua possibile le mie esperienze voglio iniziare proprio da qui. Ho la tua massima attenzione?

Portiamo proprio l'esempio concreto dell'immobile di Misano Adriatico e di come possiamo rispondere in maniera giusta a una telefonata da parte di un cliente:

Cliente: "Buongiorno, parlo con il Sig. Rossi Alessio?".
Alessio Rossi: "Sì, sono io, buongiorno, mi dica come posso esserle d'aiuto".
Cliente: "Vorrei fissare un appuntamento per l'appartamento in sua gestione ubicato a Misano Adriatico, è possibile?".
Alessio Rossi: "Certo, mi permetta prima di spiegarle nel dettaglio l'ubicazione e la composizione dell'oggetto: Siamo circa distanti 1 km dal mare, in zona molto tranquilla e silenziosa".

L'Appartamento internamente è da ristrutturare e ha una superficie di 85mq, terzo piano con ascensore con un'ottima disposizione ed esposizione, tenga presente nonostante la metratura non elevatissima, l'immobile presenta una triplice esposizione ed è composto da ingresso, sala, cucina abitabile, 2 camere, bagno, balcone perimetrale, cantina e posto auto condominiale assegnato. Riscaldamento autonomo con 500 euro all'anno di spese condominiali. Libero a breve".

Cliente: "Molto interessante, vorrei visionarlo".

Alessio Rossi: "Nessun problema, però prima ci tengo a spiegarle anche come funziona la procedura all'acquisto, nel caso ovviamente fosse interessato".

Cliente: "Certamente, mi dica".

Alessio Rossi: "L'immobile rimarrà in pubblicità fino al (indichiamo il 30esimo giorno) e le persone interessate, una volta visionato l'oggetto, hanno due possibilità per formalizzare una loro eventuale proposta d'acquisto.

1) Possono fare un'offerta in busta chiusa, e la proprietà il 30esimo giorno apre le buste ed eventualmente la proposta più

appetibile si riserverà la facoltà di accettare o non accettare.

Altrimenti:

2) Lei può benissimo dire: 'Mi interessa l'immobile, non voglio aspettare i 30 giorni e allo stesso tempo non voglio andare in competizione con nessun altro acquirente, quindi voglio trovare un accordo immediato con la proprietà'".

Cliente: "Mi scusi Sig. Rossi, ma quindi è un'asta?".
Alessio Rossi: "Non è un'asta, non c'è assolutamente alcun pignoramento in corso, semplicemente vendiamo l'immobile al miglior offerente. (Mi raccomando, togli dalla testa all'acquirente il termine "asta", che nell'immobiliare è sempre visto in maniera negativa. Asta = Fallimento, pignoramento ecc. Dobbiamo utilizzare termini positivi durante la comunicazione, già "miglior offerente" suona diversamente, siamo nella leva della curiosità che dovremo trasformare in emozione)".

Cliente: "Ma quindi il prezzo pubblicizzato è un prezzo di partenza?".
Alessio Rossi: "Sì, è un prezzo di partenza, nel senso che il

prezzo consideri che lo deciderà sempre il mercato. Per essere più chiaro, lei oggi è la ventesima persona che mi telefona, quindi sicuramente, se mi ha chiamato è perché è stato sicuramente attratto dal prezzo, giusto?".

Cliente: "Assolutamente sì".

Alessio Rossi: "Se sta cercando in questa zona tramite i portali, avrà visto che gli immobili similari pubblicizzati presentano dei prezzi molto più alti?".

Cliente: "Sì, in effetti volevo capire se vi fosse qualche inghippo, perché il prezzo è molto conveniente.

Alessio Rossi: "Guardi, non vi è nessun inghippo, nel caso fosse di suo interesse a seguire vi sarà un incontro in ufficio, le posso far visionare tutta la documentazione con relativa visura ipotecaria aggiornata".

Cliente: "E perché lo propone a questa cifra, se poi mi dice che è una base di partenza?".

Alessio Rossi: "Le ripeto, il prezzo lo deciderà il mercato. Se più clienti si presentano e più persone sono interessate all'acquisto, chi si avvicina più alla richiesta della venditrice, potrà aggiudicarsi l'immobile".

Cliente: "Quale sarebbe la cifra che si avvicina di più alla richiesta della venditrice?".

Alessio Rossi: "Fermo restando che se vuole fare un'offerta in busta chiusa può offrire la cifra che vuole, se invece volesse trovare un accordo immediato con la proprietà consideri che dal prezzo di pubblicità, deve aggiungerci circa un 20%".

A questo punto, il cliente l'hai messo con le cosiddette spalle al muro quindi entra in azione il meccanismo Semaforo Verde/Semaforo Rosso:

Semaforo Rosso: "Guardi il mio budget a disposizione era circa quello inerente al prezzo pubblicitario quindi a questo punto, se lei mi dice che c'è molto interesse, non vorrei perdere e farle perdere del tempo".

Alessio Rossi: "Guardi, la ringrazio della sua sincerità, ma senza offesa concordo con lei, vedendo il flusso di chiamate in entrata e le visite fissate, se il suo budget a disposizione è quello da lei comunicato, non ha senso in questo momento fissare un appuntamento. Nel caso, ipotesi molto remota, da qui a 30 giorni non concludessimo l'affare, la ricontattato molto volentieri. (Rimane tra noi l'ipotesi remota, se hai agito da professionista e hai preso l'incarico al valore di mercato, l'immobile lo venderai e in più se hai svolto bene l'intervista telefonica magari viene fuori anche un'acquisizione da parte di questo utente che in buona probabilità avrà qualcosa da vendere)".

Semaforo Verde: "Guardi, con una cifra del 20% in più la cifra si aggira intorno ai 160.000 euro?".
Alessio Rossi: "Sì, secondo me, in maniera molto onesta e trasparente, la volontà della venditrice corrisponde al valore reale di mercato".
Cliente: "Ma mi scusi, ma allora perché l'avete pubblicizzato a questa cifra?".

Alessio Rossi: "Guardi il nostro sistema di vendita, denominato Fast, è una procedura ci permette di accorciare notevolmente i tempi di vendita (entro 30 giorni) rispetto alla media nazionale. E poi ci tengo a sottolineare che il nostro sistema di vendita ci permette anche di avere un termometro costante sul mercato. Se nessuno chiamasse neanche a questa cifra, vorrebbe dire che il prezzo esposto non è di mercato, ma non essendo sicuramente questo il caso, visto la mole di appuntamenti fissati, posso dirle che l'immobile ha avuto un'ottima risposta dal mercato".

Cliente: "Non avevo mai sentito questo tipo di vendita, per me è una cosa nuova".

Alessio Rossi: "Sì, siamo gli unici in Italia ad adottarla".

Cliente: "Comunque essendo che l'oggetto mi interessa ed effettivamente, anche nel caso decidessi per una trattativa diretta senza dover aspettare i 30 giorni, il prezzo rimane in linea sia con il mercato sia con il mio budget prefissato, fisserei un appuntamento".

Alessio Rossi: "Essendo che vengo da Bologna, ho concentrato le visite all'immobile nella giornata di sabato, le può andar bene?"

Cliente: "Sì certo, se le proponessi le 11:00 del mattino?".

Alessio Rossi: "Perfetto, segno appuntamento in agenda, per me è già tutto confermato, in caso di imprevisto mi contatti pure su questo numero". Le anticipo che nonostante via siano più appuntamenti fissati lei sarà seguito con la formula One To One, avrà possibilità di visitare l'immobile da solo o con sue persone di fiducia. (Non è un Open House).

Cliente: "La ringrazio per la sua disponibilità e le auguro una buona giornata".

Alessio Rossi: "Si figuri, per me è stato un piacere, una buona giornata anche a lei".

Considera che la telefonata ci ha permesso di lavorare sulla nostra prima leva (Curiosità) che, gestita bene, ci ha dato la possibilità di fissare il sopralluogo dove azioneremo la seconda leva (Emozione) e nel caso che l'emozione fosse positiva, lavoreremo sulla terza leva (Soddisfazione per ottenere il closing).

Ora passiamo al sopralluogo: hai davanti a te un cliente intervistato telefonicamente in maniera capillare, pertanto a meno che non sia un "Turista immobiliare" ha una buona propensione all'acquisto. È basilare dire che se l'immobile nonostante la tua descrizione, foto, piantine e rendering non sia di suo gradimento, è inutile perderci del tempo.

Non credo alle magie e sono sempre stata una persona che non crede né alla fortuna e né alla sfortuna. Per me esiste solo la legge della causa-effetto. Quindi se a un utente la casa non piace, la casa non te la compra. Inutile perderci tempo.

Nel caso in cui il linguaggio paraverbale incominci a dare i primi segnali di gradimento, inizia a utilizzare la leva numero 2, l'emozione. Lascia spazio all'immaginazione del cliente durante la visita, soprattutto in un caso come questo in cui l'immobile è completamente da ristrutturare, lascialo sognare e cerca il momento giusto per iniziare a dialogare con lui in maniera giusta e costruttiva per far accrescere la sua emozione.

A questo punto hai un cliente che ha raggiunto in pieno due delle tre le Leve e da questo momento in poi, dipende solo da te.

Prenditi le tue responsabilità e portalo al closing. A seguito del sopralluogo, positivo, vi è la possibilità concreta di essere contattati per una seconda visita con una persona di fiducia o addirittura può esserci già l'appuntamento in ufficio per la formalizzazione della proposta.

Soffermiamoci un secondo sulla seconda visita, nel caso il cliente si presentasse all'appuntamento con una persona di fiducia che noi chiameremo sbrigativamente Opinion Leader.

Parti dal presupposto che l'Opinion Leader consiglia, non decide, ma sicuramente entrare in empatia con lui ti aiuterà molto, rispondi in maniera decisa e determinata. Ti faccio un esempio stupido: sei in giro con un tuo amico e vedi delle scarpe che ti piacciono. Le vuoi comprare ma al tuo amico non piacciono, cosa fai? Tralasciando che ci saranno sempre delle eccezioni alla regola, la stragrande maggioranza delle persone procederà ugualmente all'acquisto. Stessa cosa vale per una casa, se a te piace e non vi sono problema gravi sull'oggetto, la parola dell'Opinion Leader conta il giusto.

Non toccare il lato economico durante la visita, parla di tutto e lascia spazio libero alle emozioni del cliente. Alla domanda:
Cliente: "Ma quindi Sig. Rossi il prezzo?".
Alessio Rossi: "Si concentri sull'immobile e guardi bene il tutto, una volta usciti, se vuole fissiamo un appuntamento in ufficio dove avremo modo di parlare del prezzo, ma prima avrei piacere di farle vedere la documentazione completa dell'immobile".

In questo caso il cliente può risponderti solo di sì: del prezzo gli avevi già parlato alla prima telefonata, quindi sai che ha il budget giusto a disposizione e che in questo momento è fortemente interessato. Superato positivamente anche questo passaggio, entriamo nella fase appuntamento in ufficio per proposta d'acquisto. Dividi la trattativa su due punti, parti dal lato tecnico/documentale e poi vai sul lato commerciale. E anche qui noterai che agisco al contrario, mi differenzio dalla massa. Al prezzo ci arriviamo dopo che ti ho dato dimostrazione di essere una persona all'altezza, preparata, che conosce l'immobile e non un semplice "apri porte".

Alessio Rossi: "Guardi prima del prezzo, le volevo illustrare la documentazione completa in mio possesso, atto di provenienza, planimetria catastale. Visura catastale, visura ipotecaria, accesso agli atti al Comune di appartenenza e ultimi due verbali di condominio. Non ho ancora la relazione RTI completata (relazione tecnica di conformità urbanistica/catastale) in quanto l'immobile è stato da pochissimo immesso sul mercato, quindi non vi è ancora stato il tempo per redigere tale documento.

Ma intanto il tecnico ha effettuato l'accesso agli atti, e mi ha spiegato la situazione dell'immobile". (Se vi sono difformità presenti, si diranno quali sono specificando che saranno regolarizzate entro la data del rogito a cura e spese di parte venditrice. In questo caso specifico avevamo una piccola difformità di una porta spostata).

Cliente: "Per quello che mi sta dicendo, ha una fotografia completa dell'oggetto che voglio acquistare, pertanto visto che non ci sono 'pericoli' di alcun tipo, vorrei formulare la mia proposta".

Alessio Rossi: "Bene, possiamo iniziare a costruirla insieme".

Cliente: "Non voglio andare alle buste con nessun altro utente. L'immobile mi interessa molto, vorrei innanzitutto avere una esclusività di trattativa con la proprietà di almeno 5 giorni e in più vorrei arrivare a concludere l'affare a una cifra giusta".

Alessio Rossi: "Ok, le propongo di scrivere l'offerta a euro 160.000,00 euro con validità 3 giorni. Come avrà visto, l'immobile non presenta problematiche e in più grazie anche al web, lei che non mi sembra assolutamente uno sprovveduto, avrà notato che il prezzo che le sto consigliando è che le comunicai fin dalla prima telefonata è una cifra idonea al valore di mercato.

Se vuole, è libero comunque di offrire qualsiasi cifra a busta chiusa e aspettare il 30esimo giorno, altrimenti deve scrivere quello che le ho appena comunicato".

Cliente: "Ok, partendo dal presupposto che come le ho già detto, non voglio andare alle buste, le chiedo cortesemente di almeno darmi la possibilità di scrivere un'offerta di euro 158.000,00, poi nel caso rifiutasse, ne riparliamo, ma non assicuro niente".

Alessio Rossi: "Questa cifra io la posso formalizzare con una validità di 3 giorni escludendola dalle buste, ma a me sembra un ribasso insensato, non credo che lei per 2.000 euro rischi di non accaparrarsi l'immobile".

Cliente: "Essendo molto veloce nell'operazione, sarei grato al venditore se anche lui mi venisse un po'incontro, i 2.000 euro in meno hanno la stessa valenza sia per me che per lui, non trova? Comunque, in caso di accettazione della proposta, verserò entro 20 giorni a titolo di caparra confirmatoria da un notaio di mia fiducia il 15% del valore e il restante a rogito entro 3 mesi".

Alessio Rossi: "Sicuramente i 2.000 euro valgono per entrambi allo stesso modo, pertanto concordo che la sua velocità nell'operazione potrebbe suscitare un occhio di riguardo".

Fatte tutte le procedure di formalizzazione della proposta allego a quest'ultima documentazione completa dell'immobile (atto di provenienza, visure, piantina, ultimi due verbali di condominio). Noterai che siamo arrivati vicinissimi al closing. Hanno offerto la cifra quasi piena di incarico (noi l'avevamo stimato 155/160.000 euro, quindi la proposta rientra nella nostra stima) e in meno di 15 giorni possiamo dire al venditore che abbiamo centrato l'obiettivo, il nostro metodo ha fatto di nuovo centro. (Ovviamente i venditori accettarono l'offerta di euro 158.000,00 senza accennare alcun rialzo, erano molto soddisfatti)

Per mia esperienza, non puoi capire il livello di soddisfazione che hanno provato sia il venditore (precedentemente l'immobile era stato in vendita per diverso tempo senza risultati) che l'acquirente (che è riuscito a portare a termine l'acquisto desiderato).

Capitolo 5:
Come prepararsi al meglio

Il consiglio che ti do caro lettore è quello di differenziarti dalla massa, per quanto mi riguarda credo fortemente alla legge di causa-effetto, il caso non esiste, la fortuna e la sfortuna non esistono è non c'è possibilità di evitare gli esiti delle proprie azioni. Qualunque azione fatta e pensata produrrà degli effetti.

Viaggia, studia, osserva, impara e mettici anche un pizzico di follia in quello che fai, quest'ultima spesso funziona. Prova a immaginare: in Italia, gli immobili da sempre vengono pubblicizzati a una cifra trattabile, il Sell Fast House fa il contrario. Trattabile sì, ma a rialzo. L'impatto inziale sul mercato tradizionale è stato fortissimo eppure ha prodotto risultati.

Sono stato soggetto a critiche, ma ho imparato a sopportare tutto, chi fa ha maggiori possibilità di sbagliare, ciò che conta sono i fatti e il mio metodo ha dato una percentuale di riuscita al 100% testata su 15 immobili e specifico che nessuno degli acquirenti ha concluso la trattativa alle buste, tutti hanno concluso la trattiva prima dei 30 giorni. (Percentuale di riuscita al 100% aggiornata a settembre 2020). Quando proporrai il Sell Fast House, comportati da super professionista e vedrai che sia venditore che il futuro acquirente apprezzeranno.

Innanzitutto, quando ti poni da professionista e utilizzi un linguaggio giusto, noterai che diventerà molto più difficile contraddirti, inizia una tua breve presentazione specificando che per usufruire del tuo servizio innovativo ci sono regole ferree da rispettare e insindacabili, non sottovalutarti:

1)   Incarico esclusivo di 30 giorni, il Sell Fast House è un servizio esclusivo e unico, pertanto se fosse stato precedentemente pubblicizzato l'appartamento, specifica alla proprietà di contattare tutte le agenzie con cui collaborava per far cancellare nell'immediato l'annuncio.   Il web deve essere "pulito".

2)   Reperimento di tutta la documentazione tecnica, atto di provenienza, planimetria catastale, visura catastale, certificazione

energetica e ultimi due verbali di condominio. Nel caso il venditore non sia in possesso di tali documenti, predisponiamoci con deleghe per il reperimento. Senza documentazione completa, l'immobile non va in vendita.

3)   Accesso agli atti con geometra di tua fiducia, dobbiamo avere il controllo su tutto, quando vengo chiamato per l'acquisizione esco automaticamente accompagnato dal mio geometra di fiducia, gli incarichi da firmare sono due: Incarico di vendita – Incarico tecnico.

4)   Percentuale piena (Non svenderti), considera che il Fast ha un dispiego di energie importantissimo, praticamente tutto il lavoro che fai con la vendita di un immobile in 3/4 mesi, si concentra tutto in massimo 30 giorni. Ho ricevuto anche dalle 30 alle 40 chiamate al giorno e a tutti devi spiegare la procedura carpendo più informazioni possibili. Considera che puoi gestire al massimo 3 Fast al mese, di più rischi di non gestire al meglio la situazione. Occorre qualità, ogni telefonata gestita male ti toglie un'opportunità. Al venditore devi spiegare che il suo immobile diventa il centro della tua vita per 30 giorni, e che quindi lavorerai

praticamente solo per loro, se poi avevano firmato dei contratti esclusivi precedenti al 3%+iva e arrivi con delle soluzioni risolutive, fidati che oltre la provvigione sei anche a rischio premio (mi è successo anche questo).

Non esistono compromessi, ti lascio libero solo il punto 3, ma solo nel caso in cui il venditore abbia già prodotto la relazione RTI (relazione tecnica di conformità), altrimenti diventa requisito essenziale avere il tuo geometra di fiducia, è molto probabile che in giro di pochi giorni riceverai un'offerta, pertanto devi essere sicuro che quello che vendi non presenti abusi, e che nel caso le presentasse hai già la soluzione in mano.

Voglio farti un altro assist, sono sicuro che nel momento storico che stiamo attraversando ti aiuterà parecchio nelle acquisizioni e ti permetterà di giocare di anticipo con la concorrenza.
Essendo prossimi a diverse restrizioni sperando di scongiurare il quasi imminente nuovo lockdown, se tu presentassi al venditore il SFH come termometro di mercato?

Ti faccio una domanda: secondo te, sarà facile nei prossimi mesi post Covid stimare un immobile? Non so come la pensi tu, ma la mia risposta è assolutamente no. Quasi sicuramente andremo incontro a un'inversione di tendenza, molta offerta e poca richiesta e di conseguenza ci sarà un abbassamento dei prezzi. Quale metodo migliore per dimostrare al venditore che puoi ottenere il massimo realizzo avendo una risposta velocissima dal mercato?

Ora tocca a te, confido di esserti stato d'aiuto e sono certo che se rispetterai tutte le azioni da me scritte, otterrai i giusti risultati.
In bocca al lupo.

Conclusione

Leggendomi, hai scoperto un nuovo modo per vendere immobili al miglior prezzo di mercato e nel minor tempo possibile. Soffermati molto sul capitolo dove parlo della gestione dell'acquirente, non sarà facile, lo so, per me non lo è tutt'ora nonostante il mio background di esperienza.

In questo libro ho voluto sottolineare le basi del consulente immobiliare, in quanto purtroppo al giorno d'oggi siamo una categoria non riconosciuta e spesso derisa. Decidi tu che consulente immobiliare vuoi essere, io avevo le idee molto chiare fin dall'inizio: studio, costanza, innovazione, pazzia e sacrificio hanno fatto il resto.

Credi solo in te stesso.

I risultati arriveranno con il tempo, devi essere disposto a metterti quotidianamente in gioco e a superare gli ostacoli. Appena la situazione del nostro Paese tornerà a una pseudo normalità, sarò pronto a organizzare dei corsi specifici per farti apprendere al meglio la mia creazione unica: il Sell Fast House.

Fino a quel momento per chi avesse piacere a entrare in contatto con me per consulenze o qualsiasi altro motivo può farlo ai seguenti indirizzi:

Pagina Facebook: Alessio Rossi Agente immobiliare
Pagina Instagram: Alessiorossire
Linkedin: Alessio Rossi
Mail: Alessio.rossi@reimmobiliare.com
Telefono e WhatsApp: 0039-3286675426

"Il futuro appartiene a coloro che credono nella bellezza dei propri sogni".

Buona fortuna,

Alessio Rossi

Ringraziamenti

Ai miei genitori Alberto ed Elena, mi avete dato la vita e mi avete permesso di viverla come meglio credessi, anche sbagliando.

Ai miei nonni, mi mancate tantissimo, non c'è giorno che non pensi a voi. Il vostro affetto è stato immenso.

A Daniela, la mia compagna, semplicemente unica!

Allo studio legale Scicchitano di Roma, nelle persone del professor Sergio Scicchitano e dell'avvocato Gaia Morelli. Con voi al mio fianco nulla è da temere.

All'Avvocato Giuseppe Arturo, uno dei massimi esperti di diritto immobiliare.

Ai miei mentori, Alessandro Vannini, Jessica Grassi Pirrone, Vittorio Casale e Alessandro Viannello. La vostra vicinanza mi ha permesso di apprendere dai migliori.

A Denis Felletti, Emanuela Felletti e Virna Grazia, i miei primi titolari, che nonostante la giovane età, mi affidarono da subito un ruolo di rilievo nella loro azienda.

A Paolo Collina, purtroppo mi puoi guardare solo dall'alto ma il tuo ricordo è vivo. Sei stato il primo a prendermi in considerazione nel mondo immobiliare e a valorizzarmi. Non potrò mai dimenticarlo.

Alla Re Immobiliare, Elisa Mereu, Vittorio Venturi, Francesca Collina, Ludovica Nosari e Alessandro Canducci. L'unione farà sempre la forza.

A Nicola Morselli, titolare del "Te quiero caffè", fonte inesauribile di notizie.

Ai miei amici storici: Edo, Armando, Daniele, Matteo, Paolo, Gianluca, Simone, Stefano, Francesco e Mauro. Inseparabili sin dalla nascita e compagni di mille avventure.